CHARLES LIMOUZIN

de MONTE CARLO

à BEAUSOLEIL

1908

DE MONTE CARLO
A BEAUSOLEIL

CHARLES LIMOUZIN

de MONTE CARLO à BEAUSOLEIL

1908

PRÉFACE

Les peuples ont, comme les religions, leurs prophètes ; et la vérité qui sort de la bouche des vieillards est quelquefois bonne à retenir.

Il y a juste trente-trois ans, en 1875, M. François Blanc, au cours de nos fréquents entretiens, me tint ce langage, ou à peu près :

« L'avenir, en effet, s'offre plein de surprises. Ce que vous voyez n'est qu'un commencement. Vous avez la chance d'être jeune. Vous devrez à cet avantage inappréciable de pouvoir assister à la transformation, au développement et à l'embellissement de ce pays, dont la prospérité, ne l'oubliez pas, reste subordonnée à la sagesse, au tact et à la prudence des hommes qui auront lié partie avec lui.

« L'élan est donné. Il s'accentuera au fur et à mesure que les années passeront. Vous êtes en bonne situation pour observer les êtres et pour commenter les événements. Suivez d'un œil prévenu le mouvement ascendant. Prêtez une attention soutenue aux manifestations qui se préparent. Elles vous surprendront, comme elles étonneront tous ceux qui en seront les témoins impartiaux. »

Il se tut. Après un moment de silence, il continua :

« Pour ma part, j'ai agi du mieux que j'ai pu. Je n'ai reculé devant aucun sacrifice et je désire ardemment que mes successeurs aient le bénéfice de la politique économique que j'ai inaugurée et qui est restée l'objet constant de mes efforts et le but suprême de ma sollicitude.

— Ainsi, d'après vous, Monsieur Blanc, la Principauté est appelée à jouer un rôle prépondérant ?

— N'en doutez pas. Par sa situation géographique, par son climat tempéré, la puissance de sa végétation, son voisinage de la mer et la protection des montagnes, ce pays-ci est voué aux plus surprenantes destinées. Le moindre coin de terre sera utilisé. Partout s'élèveront des villas, se dresseront des hôtels et se multiplieront les maisons de rapport. Alors un jour viendra où l'espace fera défaut. Mal à l'aise dans une enceinte désormais trop étroite, les gens seront obligés de prendre du champ.

— De quel côté ?

— Vous le demandez. Orientez vos regards dans la direction de la terre ferme, qui deviendra la terre promise. Qu'y voyez-vous ? De vastes terrains disponibles, étagés en gradins, magnifiquement exposés au soleil et prêts à bien accueillir les spéculateurs qui mettront en eux leur confiance. C'est vers eux, n'en doutez pas, que se portera le choix des individus à la recherche d'une villégiature momentanée ou à la découverte d'une résidence définitive. On n'échappe pas à son sort. Je vous souhaite de vivre longtemps et vous aurez, mon cher ami, la certitude d'événements conformes à mes prévisions. »

Ayant ainsi parlé, M. François Blanc se leva, prit sa canne à pomme d'or, et, son pantalon gris perle tirant sur les sous-pieds, il s'en fut là où il lui semblait que sa présence ne serait pas inutile.

A se remémorer ces souvenirs lointains, on reste convaincu d'une chose : c'est que les temps prédits sont arrivés.

C. L.

Avril 1908.

I

LOIS DE NATURE

Les vieux philosophes et les jeunes rhéteurs, les politi-ciens et les acrobates, les mères coupables et les pontifes austères, les grands ducs et les midinettes, les homosexuels et les sondages de M. Caillaux, le diabolo et la croix de Mme Marcelle Tinayre, les humoristes et les comtes du Pape, les maris trompés et les demi-vierges, les flirts et les flics, les masques et les mascottes, les hydropathes et les hydroplanes, les diamants de Lemoine et les « ouistitis » de la comtesse de Monteil, les gens, les gens de lettres, les bêtes, les « poires », les inventeurs, les minéraux, les végétaux, les trusts, le bridge et les chapeaux de femmes, tout se transforme au gré des circonstances et se modifie sous la poussée des événements.

Les uns et les autres se tiennent, s'enchaînent, s'agrip-pent, se combinent, se fondent et se confondent au contact troublant des ingénues, des faux savants et des officiers d'académie.

II

CE QU'ON VOYAIT ET CE QUI FAISAIT
EN 1863

Il y a 45 ans.

Qu'était la Principauté de Monaco en 1863? Un lieu désert, un sahara en miniature, inconnu du plus grand nombre, aux communications difficiles, aux rendements limités, aux villégiatures décourageantes, fréquenté à de longs intervalles par de rares touristes qui tenaient sans doute la solitude pour un art d'agrément.

Monte Carlo s'appelait alors les « Spélugues ». L'endroit était formé de rochers au crâne dénudé et de sentiers abruptes que les excursionnistes gravissaient en s'aidant de bâtons ferrés et devant lesquels fuyaient en hâte les lézards troublés dans leur sieste.

Des chèvres, ménagées à l'égal du chou, broutaient en silence le thym et les fougères au milieu desquels vivaient, l'oreille basse, quelques lapins timides, ignorés de ces demoiselles. Des bergers en culotte courte et en molletière rêvaient à la lune en agitant, de temps à autre, leur houlette de Monaco; et les couleuvres, qu'aucun snob ni aucun bluffeur ne faisaient avaler, paressaient le ventre au soleil, entre un olivier centenaire et un citronnier dont les fruits d'or semblaient déjà un symbole.

La Solution cherchée.

A cette époque, une époque de transition, furent commencés les travaux de l'aile droite du Casino actuel. Les plans en étaient modestes et les dimensions restreintes. Le groupe Lefèvre, Griois, de Valmy et consorts disposait en effet d'un budget fort maigre, dont eut souri Mme Sarah Berhnardt. Sous la surveillance inquiète de ces concessionnaires aux abois, les travaux avançaient lentement, dirigés par des entrepreneurs que la rareté du numéraire rendait perplexes. Les maçons échangeaient entre eux des signes — des signes de détresse. Les sculpteurs se faisaient tirer l'oreille et les peintres, natures susceptibles, broyaient du noir. L'affaire, décidément, prenait une vilaine tournure.

Après d'inutiles réclamations, fréquemment répétées, les ouvriers, découragés, prirent le parti de déserter les chantiers. Ils jetèrent le manche après la truelle, abandonnant à un sort précaire le squelette inachevé d'un Kursaal en mal d'enfantement.

La situation devenait inquiétante. Le problème se compliquait. Où trouver l'algébriste en possession de la formule cherchée? Où dénicher le capitaliste dont on attendait, chapeau bas, le salut? Les principaux intéressés s'employaient en des recherches qui menaçaient de s'éterniser quand M. François Blanc, fermier des jeux de Hombourg, fut pressenti. On le mit au courant des embarras financiers de ceux qui avaient trop préjugé de leurs forces. Il étudia l'affaire, fit le procès du pour et du contre et, sa religion éclairée, s'en vint à Monaco.

On était alors en 1863. Il vit M. de Payan, secrétaire général du gouvernement. Le temps pressait. Les deux hommes causèrent vite et bien.

M. Blanc déclara :

« On demande 1.700.000 francs du droit au privilège et des travaux exécutés. Je les apporte. Veuillez en informer Son Altesse Sérénissime et, si j'obtiens son agrément, c'est, dès à présent, l'entente cordiale. »

M. de Payan, fonctionnaire zélé, fit diligence. Le prince Charles III accepta l'offre de M. Blanc et ce dernier fut déclaré concessionnaire, pour une durée de cinquante ans, de la *Société Anonyme des Bains de Mer et du Cercle des Etrangers à Monaco.*

De ces temps préhistoriques et antédiluviens date le commencement de la fortune monégasque. Au début, les choses n'allèrent pas précisément comme sur Deroulède. Les meilleures intentions ne sont pas toujours exemptes de suspicion et quand les intérêts d'une population sont en jeu (le mot est de circonstance), avec eux s'ouvre forcément l'ère des calculs et des compétitions. L'homme est avant tout un animal frondeur, méfiant et partial qui tient le « contrat de louage » pour valable ou non, selon qu'il y trouve un profit plus ou moins rémunérateur.

III

M. FRANÇOIS BLANC

SON ŒUVRE

Esprit méthodique, subtil et fin, M. François Blanc sut mettre au service d'une entreprise, au début très aléatoire et pleine de risques, des ressources morales et matérielles qui furent, entre ses mains expertes, le levier à l'aide duquel il brisa les dernières résistances.

Il lui fallut, pour cela, combattre des adversaires de mauvaise foi, lutter contre de sots préjugés, répondre à des attaques injustifiées, surmonter des obstacles de toute nature, convaincre les incrédules et rassurer les hésitants.

Sa foi dans l'avenir ne fut jamais ébranlée et c'est parce qu'il sut, aux jours difficiles, s'affranchir de toute défaillance, que la victoire lui resta.

Tacticien patient et circonspect, il lui arriva de triompher là où d'autres, moins avisés et moins clairvoyants, auraient très certainement échoué. Ses rares facultés de novateur et de vulgarisateur, jointes à une incroyable puissance d'action, l'ont admirablement servi dans la poursuite d'une idée et dans l'accomplissement d'une tâche où son expérience et sa bonne volonté furent fréquemment mises à l'épreuve.

Mais cet homme supérieur, ce spéculateur adroit, aux vues larges, aux notions précises, aux décisions promptes, avait, des avantages qu'offrait la situation, un sentiment exact ; et lorsque son œil calme et rusé pointait, interrogateur ou méfiant, par dessus ses lunettes aux branches d'or, la profondeur du regard trahissait les ressources de la pensée.

Dès le premier jour, il comprit que le succès serait en raison des sacrifices qu'il saurait s'imposer. Il ne compta pas avec eux et prodigua les millions.

Il les avait.

Sacrifice opportun.

Lorsque furent commencées les études du tracé du chemin de fer de Nice à Menton, les ingénieurs penchèrent pour un projet dont l'exécution équivalait à la ruine des espérances qu'on avait fondées sur Monte Carlo. La voie devait en effet passer sous un tunnel, rendant ainsi impossible l'établissement, là où elle était nécessaire, d'une gare de voyageurs.

M. Blanc vit le danger. Il importait de le conjurer. Il fallait, à tout prix, parer à cette fâcheuse éventualité. Que fit-il ? Il offrit gratuitement à la Compagnie Paris-Lyon-Méditerranée les terrains qu'elle ne se souciait point d'acheter et qui devaient servir à l'établissement de la ligne telle qu'il la comprenait.

La Compagnie, que cette combinaison avantageait doublement, modifia ses plans et Monte Carlo eut les voies d'accès qui devaient, en facilitant la circulation des touristes, assurer sa fortune.

Les Incertitudes de la première heure.

Au cours des premières années de sa gestion, M. Blanc n'eut pas toujours la certitude de bénéfices enviables. Il avait prodigué la bonne semence, mais la récolte n'était pas encore de celles dont on tire orgueil. La garantie des sommes énormes qu'il avait engagées restait subordonnée aux événements. Qui pouvait, avant 1870, se faire le garant d'un avenir conforme à l'attente désirée ?

Qui aurait pu dire, en ces temps d'incertitude, d'hésitations et d'ambitions modestes que le principal intéressé finirait par retirer du jeu l'épingle très dorée qu'il avait, d'un geste large, piquée au corsage de la dame de pique ?

On allait de l'avant quand même, résolument, crânement, délibérément. Mais, au fond, personne n'était en situation d'affirmer que le lendemain serait fait de compensations avantageuses.

Tout d'abord, les résultats ne furent point tels qu'on cédât à l'envie de les glorifier. Des capitaux avaient été engagés qui, pendant plusieurs années, n'eurent aucun lien de parenté avec le moindre dividende.

Les exercices de fin de saison clôturaient avec des (—) moins renouvelés et persistants. Par la suite, aux — succédèrent les + dans des proportions qui témoignaient, malgré tout, d'une modestie excessive.

A la longue, cependant, la situation s'améliora. C'est fort bien. Mais que serait-il advenu si des circonstances fortuites et imprévues étaient venues ruiner les projets des hommes d'action et détruire les espérances qu'ils avaient fait naître ? M. Blanc aurait joué le rôle ingrat de victime désignée du sort et, désormais réduit à l'impuissance, personne ne se fût avisé de l'aider à boucher les trous que sa tentative avait creusés.

Le Destin, heureusement, lui fut propice. Il n'a pas connu les déboires de l'amère défaite. Il eut au contraire la légitime satisfaction de voir le succès étroitement lié à la persistance de ses efforts. Il en fut loué hautement et les moralistes grincheux qui vitupèrent à propos de tout, sans grande conviction, se virent traiter d'eunuques.

Leurs femmes s'en montrèrent fort humiliées.

La Corniche.

Jusqu'en 1867, le public ne pouvait se rendre à Monaco que de deux façons : par voie carrossable ou par mer.

Dans le premier cas, on était tenu de prendre l'ancienne route de la Corniche, d'un pittoresque attachant, aux côtes rudes et aux lacets fréquents. Longue et accidentée, elle exigeait en voiture, des coursiers de service, un effort soutenu.

Les mortels qui font profession d'oisiveté, les touristes que la beauté des paysages enchante et les avoués honoraires que les tarifs élevés ne rebutent pas, la tenaient pour parfaitement agréable et hygiénique.

L'œil recevait la pleine satisfaction qu'il devait à la riante apparition d'une nature féconde tandis que les poumons, mis en appétit, s'employaient dans l'absorption d'une quantité profitable d'oxygène.

A bord de la Palmaria.

Par contre, les gens pressés, s'accomodant mal d'un moyen de transport lent et dispendieux, prenaient passage à bord de la *Palmaria*, un petit vapeur au tangage inquiétant et au roulis pitoyable. Ces gens n'étaient pas légion. Leur nombre, d'ordinaire, variait entre trente et quarante.

A l'exception des rares jours où la mer s'offrait en furie, la *Palmaria* quittait régulièrement le port de Nice à quatre heures du soir. Elle longeait la côte, laissant derrière elle la trace de festons brodés qui se perdaient dans le sillage tracé par sa marche calme ou saccadée, selon le caprice de la vague.

Le panorama figurait un long cinématographe où se déroulaient, vus à distance : la rade apaisée de Villefranche, où viennent mouiller, au hasard des croisières et à l'abri des vents et des courants, les escadres française, anglaise, russe ou américaine ; — le Cap Ferrat, qu'une société immobilière vient de transformer en vue de spéculations rémunératrices ; le charmant village de Saint-Jean, refuge discret du souverain belge et de sa royale progéniture et berceau de la bouillabaisse onctueuse vantée par Georges Maurevert en des termes safranesques et rascassiens ; — l'attirante station de Beaulieu, qui doit sa température élevée au voisinage de rochers dont le rôle est d'emmagasiner la chaleur pour la répandre ensuite autour d'eux.

Un peu plus loin, on découvrait les dentelures en grisaille du petit village d'Eze, perché si haut qu'il faut être de la famille des aigles pour y atteindre. Puis, c'était la Turbie (ou Cap d'Ail) alors déserte, aujourd'hui en posession d'un Grand Hôtel au confortable assuré et de villas gavées de soleil, gracieusement assises sur le pesant rocher.

Encore quelques tours d'hélice et l'on pénétrait lentement dans le port de Monaco sillonné par de légères embarcations chargées du soin de déposer à quai les passagers que de vastes omnibus, aux attelages solides, conduisaient rapidement là où l'or n'est pas une chimère.

Hospitalité appréciable.

On arrivait, vers cinq heures et demie, au terme du voyage. Le temps de prendre contact avec la roulette et les visiteurs avaient, pour dîner, le choix entre quatre hôtels : L'*Hôtel de Paris* ; l'*Hôtel d'Angleterre* construit en contre-bas des terrains sur lesquels se dressent maintenant les bureaux de la poste ; l'*Hôtel des Bains*, à la Condamine, et l'*Hôtel du Prince Albert*, dans le vieux Monaco.

Les diplomates en congé, les dames de qualité et les marguilliers en partie carrée, habitués de l'*Hôtel de Paris*, goûtaient fort ses dîners, copieusement arrosés d'un certain Beaujolais avec lequel les connaisseurs se plaisaient à lier commerce d'amitié.

Les joueurs que la chance avait trahis avaient, comme les *autres*, la ressource de l'hôtel hospitalier géré alors pour le compte de la Société des Bains de Mer, et où le doux et souriant M. Folleté et, après lui, M. Salerou, un parfait gentleman, les recevaient avec une bonne grâce engageante.

Le client pris au dépourvu avouait sa détresse et l'addition, dûment paraphée, allait rejoindre dans le tiroir aux oublis celles qu'une main avertie et complaisante y entassait journellement, sans autre formalité.

Mœurs patriarcales.

En ce temps-là, les fêtards, les membres de l'Institut et les petites consolatrices assermentées qui mettaient à fréquenter Monte Carlo une certaine assiduité se connaissaient tous plus ou moins. Ils savaient, d'une bienveillance réciproque, apprécier l'opportunité et souligner l'avantage. On se voyait avec plaisir, on se saluait avec empressement, on s'abordait volontiers et, au besoin, on avait des procédés courtois qui prenaient parfois tournure de service.

Mais ces mœurs d'une autre époque, qui avaient leur

raison d'être au milieu d'une société restreinte dont les membres croisaient sans cesse dans le même sillon, ont forcément disparu, emportées par le flot grossissant des peuples accourus, les uns des contrées les plus reculées de l'Europe, ceux-ci du centre de l'Amérique aux trusts dévastateurs, ceux-là du fond de l'Asie restée mineure quand même.

Les hommes, les tendances, les habitudes et les inclinations, rien n'est durable en ce monde d'arrivistes, d'affairistes et de névrosés.

Ainsi dut penser, quand on l'arrêta, ce génial Henri Rochette qui, groom à quatorze ans, commis épicier à seize ans et garçon coiffeur à dix-huit était à trente ans directeur de vingt maisons de banque avec soixante succursales dans les principales villes de France et de l'Etranger.

L'épargne française a les financiers qu'elle mérite.

*
* *

Le délicieux Jomard, un parisien lettré, d'un esprit fin et d'un scepticisme jovial, tenait alors commerce de boutades et d'aphorismes au *Café de Paris*, à l'heure de l'inutile apéritif.

Etincelant et railleur, il discourait sur l'infidélité des femmes et la rareté des bons cigares quand un intrus, l'interrompant, lui dit en manière de prologue :

— Monsieur Jomard, expliquez cela : quand je joue avant dîner, je gagne toujours ; et lorsque je joue après dîner, je perds infailliblement.

— En effet, dit Jomard, c'est singulier. Mais j'y songe : il vous est facile d'éviter pareille mésaventure.

— Que faut-il faire ?

— Ne dînez pas.

Le Retour.

Après de longs mois d'un service loyal et régulier, la *Palmaria*, fatiguée, eut le sort d'un guerrier auquel on fend l'oreille. On la mit au cadre de réserve. Elle eut pour successeur le *Charles III*, bâtiment plus résistant, aux dimensions plus vastes, aux commodités mieux appropriées et où la princesse Souwaroff et la comtesse de Galve, sa sœur, occupaient le centre d'un cercle — vicieux délicieusement.

De cette cour d'Amour — l'amour du jeu — faisait partie la jeune femme d'un haut mandarin français. La blonde et jolie créature était ordinairement accompagnée d'un adorateur dont l'assiduité polie et les petits soins répétés semblaient plutôt l'incommoder et que, pour cette raison, on appelait son « mâle de mer ».

Il arrivait fréquemment qu'un joueur qui s'était attardé en compagnie d'un camarade de rencontre ou d'une jolie fille d'occasion se dirigeât vers le port en courant à perdre haleine, la seule chose, parfois, qu'il put encore perdre. Il y a des limites à tout. Mais si, du bateau, on avait la certitude des signes de détresse qui le devaient faire remarquer, le capitaine, secourable à l'imprudent retardataire, attendait que celui-ci eut gagné son bord pour donner le signal du départ.

Les nuits transparentes et douces que favorisent les Gémeaux, le Lion ou le Cancer ajoutent au charme prenant d'une traversée qu'on effectuait sur le pont, doucement bercé dans un rocking chair et le regard perdu dans la direction des lointains horizons. La fraîcheur qui venait du large redonnait aux nerfs le calme réparateur indispensable après les fortes émotions et gratifiait le cerveau d'un nouveau regain de parfaite lucidité.

On était généralement de retour à Nice vers minuit et demi, heure honorable à laquelle, après un dernier shake-hand, les passagers, à pied ou en voiture, regagnaient paisiblement leur home, tandis qu'au ciel brillaient des étoiles que personne, ni sacristain ni ministre, ne songeait à éteindre.

IV

COLLABORATEURS ET RÉSULTATS PROBANTS

Les artisans de la première heure, de 1863 à 1877, furent à côté de M. Blanc, au nombre de trois.

M. Bertora.

M. Antoine Bertora (il n'était pas encore comte romain) avait gardé des Tuileries, comme aide à l'introducteur des Ambassadeurs, l'allure d'un amphitryon fort décoratif. Les femmes du second Empire prononçaient le « bel Antoine » et il en tirait vanité. Il tenait le faste pour une manifestation nécessaire et la soirée dansante qu'il donna jadis à l'ancienne poterie artistique procédait d'une somptuosité tout asiatique.

M. Wagatha.

M. Henri Wagatha était un alsacien correct, élégant et froid. Un peu avare de ses paroles, il souriait discrètement dans sa barbe soigneusement peignée ; mais les habitués de la villa Violette appréciaient à sa valeur la formule de ce maître de maison, chez lequel la basse température de l'accueil montait rapidement au premier contact.

M. Stemler.

Nature douce, généreuse et conciliante, M. Frédéric Stemler tenait la bonté pour une des formes de l'esprit — et sa prodigalité était sans limites.

Les trains du père Blanc.

Le monde se déplace en raison de la facilité qu'il a de se rendre d'une ville à une autre. Cette vérité n'a pas eu besoin de sortir des profondeurs de son refuge humide et triste pour amener M. Blanc à proposer à la Compagnie P.-L.-M. de mettre en marche des trains rapides à compartiments de première classe partant de Cannes le matin pour aboutir à Monte Carlo à l'heure du déjeuner et quittant cette station de façon à être de retour à Cannes avant le dîner.

La Compagnie, après enquête, déclara se rallier à la combinaison, sous la réserve d'une recette au moins égale à la dépense. M. Blanc sut donner satisfaction aux intérêts en cause en s'engageant à combler la différence. C'était parler d'or. Mais sa caisse ne fut point sollicitée. Dès la mise en marche du premier train, en 1876, les frais incombant à la Compagnie furent couverts. L'essai, une fois de plus, donnait gain de cause à la clairvoyance de son inspirateur.

Pendant longtemps, ces trains empruntèrent leur désignation au nom de celui de qui dépendait leur existence : on les appelait familièrement les *trains du Père Blanc.*

La fin d'un brave homme.

M. François Blanc avait soixante-et-onze ans quand il mourut à Louëche, en Suisse, le 27 Juillet 1877. Les mémoires fidèles et reconnaissantes garderont le souvenir de ce remueur d'hommes, de choses et d'idées qui, de Monaco et de la Riviera française, fut, du plus grand nombre, le précieux instrument de fortune.

Propriétaires repus, hôteliers satisfaits, restaurateurs

souriants, banquiers grassouillets, médecins ponctuels, apothicaires ventrus, orthopédistes cossus, architectes entreprenants, entrepreneurs osés, industriels enrichis, troubadours vainqueurs, commerçants notoires et épiciers de surface moindre, tous ont eu leur part du gâteau fameux et substantiel qu'une main experte, habile et tenace a pétri et dont les meilleurs morceaux calmèrent les plus gros appétits.

Les Résultats.

Les richesses et les merveilles accumulées dont les Anglais, les Russes et les rois du porc salé ont aujourd'hui le spectacle et la jouissance résument l'œuvre de M. François Blanc.

Il les a inspirées et préparées avec l'assurance certaine que la Principauté serait un jour la gardienne attentive et vigilante d'avantages précieux et rares qu'elle doit autant à la nature généreuse et prodigue qu'aux êtres d'initiative qui en ont compris et mis à profit les incalculables ressources.

V

MADAME MARIE BLANC

A la mort de M. Blanc, ce fut sa femme, Mme Marie Blanc, qui hérita de tout : de la fortune et des responsabilités. M. Bertora devint son fondé de pouvoirs et M. Wagatha, son beau-frère, fut nommé aux fonctions de directeur général, emploi créé.

Durant les cinq années d'une régence trop tôt interrompue, Mme Blanc, désormais maîtresse de ses actes et de ses capitaux, resta la femme au cœur d'or. Compatissante aux malheurs d'autrui et infiniment charitable aux pauvres gens, l'affection et la sympathie de tous ceux qui l'approchèrent furent son lot.

Souffrante, elle quitta Monte Carlo au commencement de l'été 1881 et s'en alla à Moutiers (Savoie) où elle succomba le 25 Juillet de la même année, à l'âge de quarante-neuf ans.

Si les mots gardent leur signification exacte, la disparition prématurée de Mme Blanc causa une douloureuse surprise.

Il y eut dans toute la région, de Cannes à Menton, une explosion de regrets dont il fut dit qu'ils étaient le plus bel éloge d'une femme secourable naturellement, aux procédés tout particulièrement délicats et dont la bourse s'ouvrait au premier appel d'une mère de famille dans l'embarras ou à celui d'un honnête artisan aux prises avec les difficultés de la vie.

IV

UNE PÉRIODE DE TRANSITION

L'Héritage.

La mort de Mme Blanc entraîna le partage, entre ses héritiers directs, de plus de cinquante-deux mille actions, sur soixante mille.

Peu à peu, ces valeurs, offertes à la spéculation, prirent position sur le marché. Elles passèrent d'une main dans une autre, intéressant ainsi le capital, qui s'en montra friand. Alors les acheteurs, au début hésitants et peu nombreux, se firent progressivement légion. Et l'action Monaco, émise à 500 francs, prit, en quelques années, un essor dont s'étonnèrent les timorés et les incrédules. Poussée par un vent favorable, elle franchit rapidement l'échelle des gradations pour, en Octobre 1906, atteindre la cote élevée de 6.876.

Il y eut alors une grande déception parmi les gens à courte vue. En revanche, les prévoyants et les audacieux eurent la satisfaction de bénéfices énormes acquis sans coup férir.

Au dire d'une légende, qu'il est temps de disqualifier, la fortune serait aveugle. Rien de moins exact. Elle va au contraire très sûrement à ceux que guide un flair conscient — pas celui de l'artilleur.

Les Mauvais Bergers.

M. Wagatha eut pour successeur, en 1882, M. Dupressoir, que les gazettes avaient, vingt ans auparavant, surnommé le « Louis XIV de Bade ». Son règne dura peu. En avril 1883, il dut céder la place à M. Henri Chartran, un transfuge des maisons de banque de Paris, qui fut lui-même remplacé par M. de Thézillat, ancien préfet de Napoléon III, officier de la Légion d'honneur et métallurgiste distingué.

Le fauteuil directorial a pour titulaire, depuis de longues années, M. Georges Bornier, qui vit arriver au pouvoir, en 1894, après le départ de M. Bonnaud, président du Conseil, deux macrobites étranges : MM. Custot et Grebert-Borgnis, qui durent leur élévation momentanée à des circonstances singulièrement étranges et parfaitement imprévues.

Durant leur séjour à Monte-Carlo, ces étonnants administrateurs, auxquels les vessies semblaient des lanternes vénitiennes et les crustacés des volatiles, mirent constamment la charrue devant les bœufs, ce qui humilia fort ces derniers. Ils eurent des attitudes de dictateurs, mais sans succès. Ils confondaient sollicitude avec abus de pouvoir et le bon plaisir dictait leurs actes.

Inhabiles à manier le délicat instrument que le hasard avait mis entre leurs mains, ils jouèrent faux, continuellement ; et les Monégasques, habitués à plus d'harmonie, ne goûtèrent pas le mauvais son de cloche auquel on les voulait habituer.

La politique de ces Messieurs fut une politique à la moutarde. Celle-ci montait au nez des plus dociles ; et chacun d'éternuer avec irrévérence.

La prospérité du pays ne les mettait pas en frais d'éloquence et l'intérêt des habitants pesait peu dans leurs décisions. Il en résulta des désaccords, des critiques et des froissements qui défrayèrent plus que de coutume les conversations. Ils eurent des hardiesses attristantes et leurs procédés, peu protocolaires, troublèrent plus d'une digestion.

Ils se montrèrent très remuants. Au fond, un spécialiste les aurait déclarés atteints de grande névrose.

Ces mauvais bergers avaient provoqué tout le long de la Corniche, de Nice à Menton, une agitation fébrile que les modérés s'efforçaient de calmer, sans y parvenir. Impopulaires, ils le furent à un tel point qu'ils durent, un matin, boucler leur valise et mettre entre eux et les monégasques les 1200 kilomètres qui séparent Paris de la Principauté.

Ils quittèrent en hâte cette dernière, alléguant comme excuse qu'ils regagnaient la capitale pour apprendre l'esperanto.

La population leur souhaita un bon voyage, sans espoir de retour, durant que l'arrivée de M. Blanc, nommé président du Conseil, ramenait le calme dans les esprits et redonnait la confiance à tous, aux petits comme aux grands, aux anciens comme aux nouveaux.

*
* *

Toute manifestation, bonne ou mauvaise, porte en elle son enseignement. Le passage aux affaires de M. Custot, banquier, et de M. Grebert-Borgnis, ancien marchand de castor, aura eu pour résultat d'éveiller l'attention des Monégasques, désormais en garde contre l'intrusion de particuliers dont les agissements intéressés seraient de nature à rompre les chiens et à mettre aux prises les hommes et les institutions.

Il aura suffi d'une leçon pour calmer les ardeurs. Le temps n'est plus des calculs louches et des compromissions équivoques. Les traditions d'ancienne date resteront, malgré tout, la sauvegarde du parfait équilibre indispensable au succès des idées qui eurent le devoir pour parrain et pour marraine la saine raison.

M. CAMILLE BLANC

TREIZE ANS D'ADMINISTRATION

L'atavisme n'est pas un mot vide de sens pour M. Camille Blanc, qui a hérité de son père les aptitudes et les qualités considérées comme les plus capables de servir la cause de celui auquel elles font escorte.

M. Camille Blanc s'offre à l'analyse sous des apparences qui tiennent tout d'abord l'observateur à distance. Ceux qui l'ignorent ne peuvent se défendre, à son approche, d'un involontaire sentiment de timidité. Ils lui trouvent un tempérament de sceptique qui les met en mauvaise posture. Pourtant, ceux-là le savent bien qui le connaissent : nul homme, plus que lui, n'est susceptible d'un geste dicté par la bienveillance ; et ce geste se distingue par des éditions souvent renouvelées.

Mais on ne saurait demander aux enquêteurs superficiels d'être des éducateurs précis. Leur lorgnette est rarement au point ; et l'opinion qu'ils émettent n'a pas toujours couleur de vérité.

Le dévoué et clairvoyant président de la Société des Bains de Mer est doué d'une belle souplesse d'esprit. Sa perspicacité sert utilement ses projets et l'ironie est une arme qu'il manie avec aisance. Il a un réel talent d'assimilation et sa vie, faite d'un labeur incessant, représente une prodigieuse somme de travail. Réfléchi et méticuleux à l'excès, il regarde les choses de près. Qu'il poursuive un

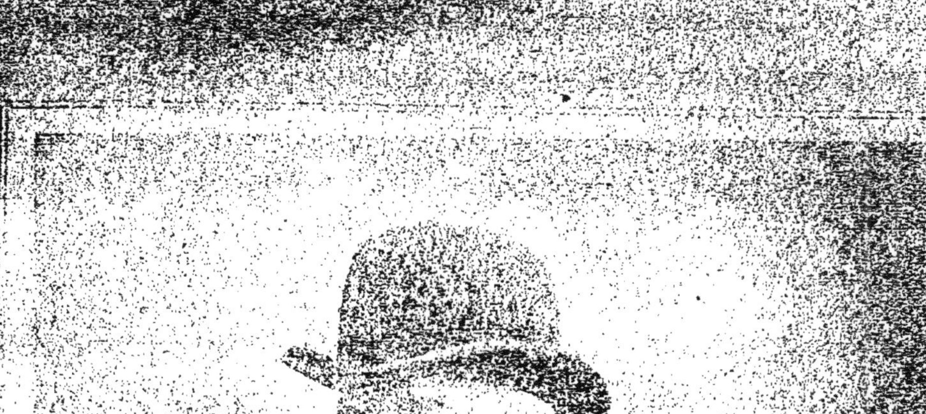

M. CAMILLE BLANC

M. CAMILLE BLANC

TREIZE ANS D'ADMINISTRATION

L'atavisme n'est pas un mot vide de sens pour M. Camille Blanc, qui a hérité de son père les aptitudes et les qualités considérées comme les plus capables de servir la cause de celui auquel elles font escorte.

M. Camille Blanc s'offre à l'analyse sous des apparences qui tiennent tout d'abord l'observateur à distance. Ceux qui l'ignorent ne peuvent se défendre, à son approche, d'un involontaire sentiment de [illegible]. Ils lui trouvent un tempérament de sceptique qui les met en [illegible]. Pourtant, ceux-là se savent bien [illegible] : nul homme, plus que lui [illegible] par la bienveillance ; [illegible] par des actions souvent [illegible].

Mais on ne saurait demander à [illegible] superficiels d'être des éducateurs précis. Leur lorgnette [illegible] au point ; et l'opinion qu'ils émettent [illegible] toujours [illegible] de vérité.

Le dévoué et clairvoyant président [illegible] des [illegible] de Mer est doué d'une belle [illegible]. Sa [illegible] sert utilement ses projets et l'ironie est une [illegible] qu'il manie avec aisance. [illegible] un récapitulent d'[illegible] [illegible] sa vie, faite d'un labeur incessant, représente une [illegible] somme de travail. Réfléchi et [illegible] [illegible] regarde les choses de près qui [illegible] au

M. CAMILLE BLANC

PRÉSIDENT DE : la Société des Bains
de Mer de Monaco
l'International Sporting Club
la Société des Courses de Nice
Maire de Beausoleil

but, qu'il étudie un programme ou qu'il se documente au sujet d'une invention nouvelle, son activité est de tous les instants. Gall lui trouverait un cerveau équilibré avantageusement et propre à toutes les résistances.

Son courrier quotidien ferait honneur à un ministre. Il le dépouille en causant, soulignant d'un trait bleu ou rouge les passages qui l'intéressent, jetant au panier les communications oiseuses, ajournant les propositions à étudier et renvoyant aux chefs de service les demandes ou les sollicitations relevant de leur compétence.

Intelligence ouverte aux progrès du jour, M. Blanc a les aptitudes enviables qui font les bons administrateurs. Sa clairvoyance lui est un guide sûr ; et si, parfois, sa confiance s'égare sur des êtres dont il attendait mieux qu'une trahison, il est juste que des mesures de rigueur ramènent les fourbes et les pleutres au sentiment d'une réalité trop facilement oubliée.

Financier prudent et orateur discret, M. Blanc connaît, de la valeur des mots, le tarif exact. Il dédaigne les lieux communs. Il tient pour négligeables les propos vulgaires. Mais il s'intéresse volontiers aux récits que relève un condiment préparé selon la formule avantageuse ; et sa bonne humeur s'en trouve augmentée dans des proportions appréciables.

Le Théâtre.

L'œuvre accomplie depuis treize ans est le résultat d'un labeur consciencieusement poursuivi, d'une méthode habilement pratiquée, de projets conçus avec soin et exécutés avec précision.

L'arrivée au pouvoir de M. Blanc a puissamment aidé à la gloire grandissante du théâtre monégasque. Les sacrifices consentis ont précisé l'éclat de représentations dont l'interprétation bellement comprise, la somptueuse mise en scène et les admirables décors de M. Visconti ne sauraient être dépassés.

L'opérette entraînante et les ballets montés avec un pur souci de la forme impeccable paient M. Coudert de ses efforts intelligents.

M. Marcel Simon, au sens artistique très développé, met à la scène, empruntées aux meilleurs auteurs et jouées par des « vedettes » de première grandeur, les comédies fameuses inscrites aux deux répertoires : l'ancien et le moderne.

Placées sous le haut patronage de Son Altesse Sérénissime le Prince de Monaco, les représentations de grand opéra occupent l'inlassable activité de M. Raoul Gunsbourg, qui se remue, s'agite, se multiplie et, finalement, triomphe superbement pour le plus grand agrément de la haute société cosmopolite du littoral.

Les concerts classiques et les concerts internationaux ont comme l'opéra, leur fortune liée au merveilleux orchestre qui contribue si puissamment, sous la direction de son chef éminent, M. Léon Jehin, à préciser l'incomparable note d'art particulière au Casino de Monte Carlo.

Toutes ces manifestations si appréciables et si différentes trouvent, de Novembre à fin Avril, leur dénouement dans un cadre étincelant qui ajoute à la renommée de spectacles qui gagneraient encore à être dépeints par Mme Réjane — conférencière.

Au reste, de quelque côté que le flaneur braque son objectif, il a l'agrément de tableaux vivants qui retiennent son attention, plus ou moins.

Le tir aux pigeons.

Au tir aux pigeons, le plus important qui soit au monde, les oiseaux fuient le plomb homicide sous l'œil attentif et souriant de l'aimable baron de Boissieu, qui a réuni 177 bons fusils internationaux (un record) à l'occasion du dernier Grand Prix de 20.000 francs, gagné par le comte Czernin, un autrichien.

Un raseur (on en trouve encore) déclarait un matin au baron de Boissieu :

— Je viens de voir vos pigeons. Ils m'ont paru tout tristes.

— Lesquels ? Ceux qui ont des plumes sous les pattes ?

— Précisément.

— Ils le sont en effet.

— La cause ?

— Vous allez la connaître, mais n'en dites rien à personne. *(Tout à fait confidentiel).* Ils voient avec inquiétude arriver la saison des petits pois.

Au Palais des Beaux-Arts.

Héritier d'un nom qui personnifie un genre fait de verve entraînante et d'originalité plaisante, M. Comte Offenbach préside avec désinvolture aux destinées brillantes du Palais des Beaux-Arts, là où les spectacles, suffisamment assaisonnés au goût du jour, mettent en gaieté un public habitué à contracter, en pénétrant en ce lieu délectable, une assurance contre le spleen.

Peinture et Sculpture.

Les Expositions annuelles de peinture et de sculpture, au même Palais des Beaux-Arts, répondent à un double but : elles servent utilement la cause des artistes et contribuent à développer, parmi les masses, le sentiment du beau. L'intérêt qu'elles offrent prend chaque fois plus d'ampleur ; et les œuvres réunies et cataloguées par l'actif et obligeant M. Jacquier font du Salon Monégasque un centre où les peintres arrivés et les sculpteurs notoires se disputent les emplacements déclarés favorables à la mise en valeur de leurs œuvres.

Tournois d'Escrime.

Du haut des cadres dorés où les a accrochés le pinceau d'un Bonnat ou celui d'un Henner, les dames décolletées en carré et les messieurs charnus assistent aux tournois d'escrime que préside, une fois l'an, le comte Albert Gautier. Ces personnages divers, aux attitudes étudiées, suivent, sérieux ou goguenards, les phases mouvementées des passes d'armes ; et les champions des équipes française et italienne ayant été mis en présence, de leur approbation muette ils soulignent les attaques rapides et les ripostes foudroyantes d'où sort la victoire ou la défaite.

Les Concerts Ganne.

A l'heure délicieuse et prenante du « tea », les mondaines et les snobs se rejoignent au Sporting Club, où l'attrait leur est réservé d'auditions brillantes dues à une troupe d'élite à laquelle M. Louis Ganne communique sa belle ardeur.

Ils sont là, exactement, quinze jeunes virtuoses à l'archet frémissant et dont les fronts s'offrent, inclinés suffisamment, aux lauriers cueillis à leur intention par des mains qui ne les trouvent jamais assez verts.

Les auditrices fidèles, dont la musique adoucit les nerfs et calme les vapeurs, apprécient comme il convient le parfait mécanisme d'exécutants qui, à vaincre sans efforts, triomphent avec gloire.

La Poterie Artistique.

Si M. Blanc a été heureusement inspiré en confiant à M. Eugène Baudin, l'ancien député du Cher, le soin de faire revivre la Poterie Artistique où les porcelaines tendres flirtent avec les grès flammés et où les faïences émaillées s'accouplent avec les cristallisés, il a, plus récemment, enrichi la Principauté d'un

Etablissement Thermal

modèle, muni d'appareils perfectionnés et qui a eté inauguré, ces temps derniers, en présence du Prince Albert et du Prince Louis, dont les éloges allèrent, empressés et chaleureux, au promoteur de l'idée. Etaient témoins : S. Ex. M. Roger, gouverneur général ; le comte de Lamothe d'Allogny, chambellan ; Mgr du Curel ; M. de Loth, maire ; MM. Piedallu, Bornier, Wicht et Maubert.

L'hydrothérapie usuelle, les bains d'acide carbonique, les massages savants, les douches rafraîchissantes, les traitements à l'électricité, les rayons X, l'inhalation Bulling et la gymnastique Zander figurent au programme de la maison. Ils seront d'un secours profitable aux étrangers désireux de poursuivre leur cure sous la surveillance du docteur Albert Konried, un praticien éminent dont l'Autriche a tout lieu d'être fière.

Dans le trink-hall du premier étage coulent toutes les eaux minérales connues. Elles sont à la température des sources qui les produisent et les « bobelins », en les dégustant, ont l'illusion d'une villégiature à Vichy ou à Carlsbad.

La thérapeutique et l'hygiène sont les locataires à demeure du beau monument que l'architecte, M. A. Teissier, a soudé au flanc tourmenté des vastes terrasses de Monte Carlo, dont les solides assises reçoivent, des flots mourants, la caresse humide qui entretient leur rhume.

Les Canots Automobiles.

L'Histoire, qui est la gardienne fidèle des coutumes anciennes et le comptable impartial des découvertes d'une époque, ne séparera pas le nom de M. Camille Blanc des canots automobiles et du sort que l'avenir leur réserve.

Le port de Monaco, que de récents travaux d'agrandissement et de protection ont rendu secourable aux navires de fort tonnage, aura été le champ d'expériences concluantes poursuivies dans un but scientifique et humanitaire.

C'est, en effet, à l'instigation, aux conseils, aux encouragements et à l'appui financier du Président de l'International Sporting Club que les ingénieurs et les constructeurs de canots automobiles se sont appliqués dans la mise au point d'engins perfectionnés appelés à rendre les plus grands services.

Les amiraux, les chefs d'escadre, les commandants de navire et tous ceux qui s'intéressent aux choses de la mer suivent, avec attention, les progrès accomplis depuis trois ans. Ils savent de quel précieux secours seront, pour la marine de guerre et pour la marine de commerce, les inventions et les améliorations apportées dans la construction des canots automobiles.

Une évolution se prépare dont les gens de mer, officiers et matelots, apprécieront l'opportunité. Les marins qui s'en vont à la découverte de la sardine ou à la recherche de la morue auront, comme les pêcheurs de perles mis en Seine par Bizet, l'assurance d'embarcations à marche rapide qui leur permettront de fuir devant le danger et de gagner le refuge d'où dépend le salut.

Les modifications et les perfectionnements apportés dans la fabrication des moteurs et dans la résistance des coques laissent supposer que le jour n'est pas éloigné où les canots automobiles, employés comme bateaux de pêche, assureront à leurs propriétaires un rendement notoirement supérieur — tout en limitant les risques que l'élément liquide fait courir à ceux qui lui demandent les produits nécessaires à leur existence.

Il faut donc louer sans réserve les hommes d'initiative et de bonne volonté qui, abandonnant les sentiers battus de l'odieuse routine, se font les champions résolus du progrès et de la civilisation.

Guerre à la poussière.

Un fléau menaçait les humains. Il portait le ravage au milieu des classes privilégiées et faisait le désespoir des contribuables qui vont à pied. Il dégradait les propriétés riveraines et causait aux automobilistes une terreur compréhensible.

Tous maudissaient la poussière incommode et microbicide. Ils l'accusaient de tous les désastres et de tous les crimes quand le docteur Guglielminetti, un praticien averti, déclara que le goudron était le seul remède capable de mettre un terme au mal dont souffrait la génération actuelle.

On lui rit au nez, bruyamment. Il n'en fut pas autrement surpris. On le qualifia ironiquement de « docteur Goudron ». Il s'y attendait. Sa sérénité n'en fut pas diminuée. Il ne perdit pas un atome de sa belle assurance, mais son dédain s'augmenta de pitié à l'adresse des incrédules.

Il garda intacte sa confiance ; et sa bonne humeur ne subit aucune altération appréciable. Il savait prochaine sa revanche et sa fidélité au produit des arbres résineux trouva sa récompense dans le dénouement qu'il avait prévu.

Tenace et résolu, il offrit de tenter une expérience d'où sortirait la vérité triomphante. Qui l'aida dans sa tâche si décriée ? La *Société des Bains de mer de Monaco*. Spontanément, elle mit à sa disposition les avenues déclarées bonnes pour le traitement préconisé et les fonds nécessaires à l'application du régime à suivre.

Que furent les résultats obtenus ? On les connaît. Ils tournèrent si bien à la confusion des détracteurs systématiques du début, officiels et officieux, qu'aujourd'hui l'Etat, les départements, les conseils généraux, les communes, les ministres, les ingénieurs, les maires, les médecins, les architectes, les propriétaires et les hôteliers mènent le train en faveur du goudronnage des routes. Souvent, de causes en apparence négligeables, naissent les grands effets inattendus et salutaires.

Monte Carlo eut, des premiers résultats, la surprise concluante. Depuis cette date, les rieurs ont changé de côté.

A la recherche d'idéal.

Le programme très éclectique de cette saison a été augmenté d'un « numéro » que ceux-là gagnèrent en plein qui, prenant part à la croisière de l'*Ile de France* organisée par les soins de l'*International Sporting Club*, visitèrent successivement Ajaccio, où naquit le « corse aux cheveux plats » ; Tunis, résidence du Bey ; Palerme, au climat tempéré ; Naples, la sentinelle avancée du Vésuve et l'île d'Elbe, qui a gardé le souvenir du séjour de Napoléon en 1814.

Déjà la multiplication des trains rapides et la diffusion de l'automibilisme ont singulièrèment modifié les conditions d'existence des touristes.

Pris en général, le riche voyageur moderne ne séjourne plus des trois ou quatre mois dans une station. La facilité qu'il a de se déplacer l'incite à des changements constants. Il va au gré du temps et de sa fantaisie, d'un centre à un autre, rapidement, fréquemment. Les villégiatures y perdent en durée, mais elles y gagnent en nombre ; et il n'y aurait pas lieu de s'étonner si ceux que les bains de mer attirent donnaient, cet été, la préférence à Brighton, dans l'espoir compréhensible d'y rencontrer Henry Houry et Harry Baur, les jumeaux célèbres dont M. Tristan Bernard est le père et Plaute l'ancêtre vénérable.

Les commodités de l'automobilisme ont rapproché les distances et aidé au mélange des citoyens. Le rôle que les autos jouent sur terre aura son pendant sur mer, où des yachts confortables, soigneusement aménagés et bien commandés, en développant le goût des voyages, établiront des communications fréquentes entre les peuples et répandront au loin la marque de fabrique de la cité ou de la nation dont ils auront arboré le pavillon.

L'essai loyal de l'*International Sporting Club* sera continué. Il offre un intérêt que l'expérience aura consacré le jour, prochain assurément, où le port de Monaco servira de lieu de rassemblement pour les bateaux de plaisance et les transatlantiques dont la mission sera, au moyen d'un chassé-croisé continu, de transporter d'une ville à une autre les chercheurs d'émotions, les curieux de paysages et les passionnés de grand air.

L'innovation, toute à l'avantage de ses auteurs, ajoutera

encore a la bonne renommée d'un État dont le souverain, en se faisant fréquemment à Paris et, prochainement, à Rome, devant la famille royale et devant la cour, le vulgarisateur éloquent et écouté des découvertes scientifiques qui témoignent de son grand amour de l'inconnu, donne au monde civilisé un bel exemple de fermeté et de désintéressement.

Jusqu'en 1948.

Le 11 Janvier 1898 marque une date importante dans les Annales Monégasques. Ce jour-là fut tenue une Assemblée Générale Extraordinaire des Actionnaires. Ces derniers, au nombre d'une cinquantaine, représentaient un total d'environ trente-quatre mille actions.

M. Camille Blanc présidait. Il fit un clair exposé de la situation financière de la Société et développa en termes heureux les raisons qui l'avaient amené à conclure un nouvel accord avec le gouvernement princier, accord aux termes duquel la concession qui arrivait à expiration en 1913 était renouvelée pour une durée de cinquante ans (du 1ᵉʳ avril 1898 au 1ᵉʳ avril 1948).

Le cahier des charges eut, de ce fait, à inscrire de nouvelles clauses et les statuts subirent des modifications qui furent approuvées à l'unanimité.

En reconnaissance de son dévouement éclairé à la chose publique et pour bien marquer la satisfaction qu'ils devaient à son tact, à sa prudence et à sa sagesse, les Actionnaires votèrent, d'un commun accord, de chaleureuses félicitations à M. Camille Blanc, en le priant de vouloir bien transmettre au Souverain l'expression de leur respectueuse gratitude pour les avantages consentis à la Société.

Rouages administratifs.

Dans sa tâche toujours compliquée et souvent difficile, M. Blanc a pour collaborateurs des hommes dont on connaît l'indépendance, le sens pratique des affaires et la haute honorabilité et qui, de la « Société des Bains de Mer », forment le *Conseil de Surveillance*.

Président : M. Camille Blanc.

Membres : MM. Piedallu, Baltazzi et Georges Bornier.

Ces messieurs se réunissent tous les deux mois au siège de la Société. Ils ont les pouvoirs les plus étendus et leur droit de contrôle sur l'administration est absolu. Ce sont eux qui prennent les décisions importantes. Ils peuvent suspendre de leurs fonctions les administrateurs, ils fixent la date des Assemblées Générales Extraordinaires, établissent la liste des travaux à exécuter, nomment aux emplois supérieurs et arrêtent les dividendes à la fin de chaque exercice.

M. Piedallu.

Souvent les circonstances décident de l'avenir des hommes.

M. Piedallu était notaire à Paris quand il dut à ses fonctions d'entrer en relations avec de gros actionnaires du Casino de Monaco. Aujourd'hui, il est de la maison. On ne peut que s'en féliciter, car les intérêts dont il a la charge sont entre bonnes mains.

Riche propriétaire foncier. Tempérament fait de droiture et de douceur. Professe la politesse des gens bien élevés.

M. Baltazzi.

D'origine autrichienne. Né à Marseille. S'est fait naturaliser français en 1893. Sportsman distingué. Très au courant de toutes les questions intéressant les courses. Auteur d'ouvrages documentés sur tout ce qui, de près ou de loin, touche à l'hippisme.

Physionomie ouverte et sympathique.

Rédacteur en chef du *Jockey*. Collabore au *Figaro* sous le pseudonyme d'Ajax II.

La promotion de Janvier dernier l'a compté parmi les nouveaux chevaliers de la légion d'honneur.

M. Georges Bornier.

Discret, obligeant, ponctuel, M. Georges Bornier remplit, depuis la mort de M. Brossaud de Juigné, les doubles fonctions de membre du Conseil de Surveillance et de Directeur Général.

La prudence et la réserve sont les deux colonnes sur lesquelles s'appuie la diplomatie de M. Bornier, dont les deux mille employés de tous grades placés sous ses ordres apprécient le grand esprit de justice et le parfait loyalisme.

Les relations qu'il entretient avec les gens du monde, les fonctionnaires, les écrivains et les artistes ont un caractère fait de courtoisie et d'affabilité ; et son empressement à être agréable à tous n'a d'égal que le désir qu'éprouve chacun de lui témoigner sa gratitude.

Sous le contrôle du Conseil de Surveillance fonctionne le *Conseil d'Administration* composé de MM. Bornier, Wicht et Maubert.

Le Conseil d'administration se réunit au moins une fois par semaine. Ses délibérations et ses décisions visent tous les services intérieurs et extérieurs de la Société, dont il administre les établissements et le fonds social.

M. Wicht.

La famille, l'ordre et le devoir. L'ordre, le devoir et la famille. Ces divers substantifs résument les aspirations de M. Wicht, administrateur chargé des importants services de la comptabilité.

Partisan des classements méthodiques, M. Wicht divise la noblesse en trois catégories : la noblesse d'épée, la noblesse de robe et la noblesse de chiffres.

A l'en croire, cette dernière a, pour ancêtres, des Comtes courants.

M. Maubert.

Le successeur de M. Filhard est un jeune. Mince, élégant, soigné, exact et précis, M. Maubert a la confiance de son personnel, dont il sait doser les aptitudes et mesurer le dévouement.

M. Maubert est blond. Il le sera longtemps. La nature lui est secourable et son tailleur apprécie les justes proportions de sa très vivante académie.

Dans les deux cas, qu'il s'agisse d'une réunion du Conseil de Surveillance ou d'une délibération du Conseil d'Administration, les questions à l'étude sont l'objet d'un examen attentif et les décisions prises ne le sont qu'après entente entre tous les membres présents.

Cette règle n'est susceptible d'aucune exception.

Les Censeurs.

Si la censure est abolie en France, au Casino de Monte Carlo les censeurs ne se paient ni de mots ni de chiffres approximatifs.

MM. Blanchi, Marion et Neri ont des attributions nettement définies. Ils sont tenus de vérifier *toutes* les pièces de comptabilité intéressant les recettes et les dépenses de la maison et de s'assurer qu'elles cadrent exactement avec les inscriptions du grand livre.

Ces Messieurs sont, en outre, chargés de rédiger les rapports de fin d'exercice dont lecture est donnée aux Assemblées Générales — et ils n'ont garde de faillir à leur mission.

Le Commissaire du Gouvernement.

Délégué auprès des sociétés anonymes, le commissaire du gouvernement joue, entre le gouvernement princier et la Société des Bains de Mer, le rôle d'intermédiaire, qui est un rôle de confiance.

C'est par son canal que l'Autorité Supérieure reçoit les relevés de compte, les résultats d'enquêtes et les informations de toute nature qui lui sont communiqués en vertu des conventions stipulées au cahier des charges.

Ce fonctionnaire a le droit, quand bon lui semble, de s'assurer si les écritures sociales sont régulièrement tenues et si elles concordent avec l'état de la Caisse.

Le 1er et le 16 de chaque mois, il monte à la Caisse et procède, registre en main, à la vérification des pièces comptables.

Il assiste aux Assemblées Générales et examine les bilans présentés par la Direction.

Le commandant Forzinetti apporte dans les délicates fonctions de commissaire du gouvernement l'ordre et la ponctualité qui furent, de sa vie militaire, la règle invariable.

Il tient pour valables les relations faites de courtoisie

et il a le souci constant de son devoir, qu'il remplit en soldat respectueux de la consigne (¹).

Influence profitable.

Sportsman entendu et propriétaire d'une écurie de courses, M. Camille Blanc était, mieux que personne, qualifié pour présider aux destinées de la Société des Courses de Nice. Il a les aptitudes, les connaissances et l'expérience qui font de lui l'un des hommes les plus compétents en matière de turf.

Sous sa présidence effective, les réunions de Janvier et celles de Mars ont, sur l'hippodrome du Var, depuis quelques années, pris une extension et acquis une notoriété dont se flattent les éleveurs, les entraîneurs et les cracks qui n'ont rien d'américain.

Les neuf journées du grand meeting réunissent près de 350.000 francs de prix, dont un *Grand Prix de 100.000 fr.* Elles sont, de la société mondaine et de la colonie étrangère, l'attraction *select* de la saison. Elles mettent en présence les femmes du monde aux performances admirées et le lot fameux des gentlemen ridés, les petits jockeys alertes dont on vante les « couleurs » et les professionnelles de la galanterie venues pour se laisser handicaper. Elles sont, pour les toilettes aux claires tonalités et pour les chiffons de prix, l'occasion d'un étalage brillant, orgueil des couturiers en vogue et des modistes triomphantes. Elles valent en outre à la Côte d'Azur la plus efficace des réclames lorsque, idéalisées par un climat selon le goût des jolies

---

(1) Dans le temps que ces lignes étaient écrites et composées, le commandant Forzinetti envoyait au Prince sa démission de Commissaire du Gouvernement. La vie de fonctionnaire est un flot mouvant.

frileuses cosmopolites, les journaux de tous les pays se plaisent à vanter, à l'aide de qualificatifs choisis, l'éclat d'un soleil persistant au service d'une température printanière à souhait.

Ainsi se passèrent les choses en Janvier dernier, M. de Joly étant préfet des Alpes-Maritimes, M. Honoré Sauvan maire de Nice et Mlle Otero grande prêtresse au service du fleuve l'Amour.

Et la Condamine?

Les pages qui précèdent sont presque exclusivement consacrées à Monte Carlo, centre couru des amusements désirables et des distractions faciles. Au milieu de cette effervescence à jeu continu, le moment paraît venu — avant de gagner les hauteurs riantes de Beausoleil — de s'attarder à la Condamine, quartier animé et commerçant dont ont peut dire que le sort des choses reste lié, effectivement, aux conceptions heureuses ou condamnables des hommes.

Confiante dans la parole des prophètes, la Condamine a attendu dans le calme la venue des spéculateurs qui en entreprirent la conquête. Elle s'est développée méthodiquement, au gré des caprices et en raison des nécessités qui commandent aux actes des parfaits régisseurs. Les circonstances lui furent favorables; et ceux-là eurent lieu de se réjouir qui mirent en elle leur espoir en vertu de la dernière recommandation de M. Georges Feydau : *Occupe-toi d'Amélie.*

A tout prendre, la Condamine est mieux qu'un trait d'union entre ces deux points culminants : Monaco et Monte-Carlo. Elle est une Cité; et les six mille citoyens qui la peuplent ont la ressource d'immeubles, d'hôtels, de cafés, de magasins et de tramways dont l'existence, avec la gare centrale et le marché couvert, est justement de préciser les agréments de la vie.

*
* *

A l'époque où M. Edmond Rostand, poète national, puisait dans le lait de sa nourrice ses premières inspirations, les esprits n'étaient pas encore fixés sur les destinées futures de la Principauté. Les intelligences ouvertes au progrès et conscientes d'une prospérité à brève échéance avaient fixé à leur ambition des limites qu'ils considéraient comme le dernier mot de l'audace.

Evidemment, ils envisageaient l'avenir avec confiance, mais ils auraient ri comme des chanoines après déjeuner si un mortel frotté de témérité avait osé prétendre que la Condamine serait, en 1908, forte de :

17 Hôtels, 48 villas en location, 10 cafés, 13 pensions bourgeoises, 11 médecins, 3 dentistes, 10 architectes, 8 bouchers, 9 boulangers, 17 coiffeurs, 51 épiciers, 21 tailleurs, 9 bijoutiers, 28 cordonniers, 35 couturières, 9 chapeliers, 14 modistes, 7 pâtissiers, 3 pharmaciens, 6 magasins de nouveautés, 4 marchands de volailles, 47 loueurs de voitures, 13 merciers, 51 marchands de vin, 2 pédicures et 4 sages-femmes.

Les chiffres sont de parfaits indicateurs ; et il est exact que les autres professions s'exercent dans des proportions identiques.

*
* *

Cette ignorance compréhensible du Destin laisse néanmoins sans excuse un homme intelligent, auquel la fortune s'offrit sans qu'il la cherchât.

M. Lombard, financier capable, occupait depuis peu les importantes fonctions de trésorier du Prince Charles III. Il écouta, en cette qualité, la proposition qu'on lui fit d'acquérir les terrains de la Condamine à raison de trois francs le mètre — avec facilité de paiement durant trente ans.

M. Lombard avait alors, de la spéculation, une idée très imparfaite. Il ignorait le maniement de la fameuse pierre de touche qui sert de guide dans les opérations avantageuses, car, ayant réfléchi, il ne lui sembla pas que la proposition fut de nature à retenir plus longtemps son attention ; et il s'en désintéressa, très naturellement, comme il aurait fait de sa première intrigue.

Pour avoir manqué d'ambition, de flair et d'audace, il ne lui a pas été donné de jouer le rôle enviable et avantageux de millionnaire ; et il connut plus tard toute l'amertume des regrets qui l'assaillirent en même temps que la Principauté prenait une importance qui fut le commencement de fortunes nombreuses, acquises rapidement.

En ces temps heureux, d'une originalité amusante, les Monégasques faisaient déjà du 110 à l'heure, sous l'influence de l'auto... suggestion dont s'inspiraient leurs actes.

Heureuse époque où les gens s'enrichissaient sans effort, presque malgré eux. On se couchait pauvre et, le lendemain, au réveil, on avait la douce surprise de constater que l'oreiller sur lequel on avait reposé sa tête était celui d'un capitaliste.

*
* *

Il fut un temps où la Condamine se flattait de justifier, à elle seule, le titre de *Société des Bains de Mer de Monaco*. Elle avait la fierté d'une plage recherchée et les baigneurs qui livraient aux caresses des Ondines leurs formes grêles ou plantureuses goûtaient, du lieu, les agréments dont il se réclamait. Un hôtel et un restaurant faisaient partie de l'établissement ; et, les tables de la terrasse étaient recherchées qui, pendant les grandes chaleurs, permettaient aux dîneurs de rester en communication, sans l'aide d'aucun téléphone, avec la brise venue du large. Les mets étaient saupoudrés d'air salin et le murmure discret de la vague soulignait de son rythme léger les conversations animées des convives.

Mais un nouveau Romulus vint un jour, dont les gens enlevèrent les cabines. L'acte de ces ravisseurs rendit les esprits chagrins. Les indigènes se lamentèrent. Ils crièrent leur détresse aux échos d'alentour, mais les échos ne répondirent point aux appels des époux et des pères. Seul, le souvenir resta d'un agréable lieu de rencontre.

*
* *

M. Octave Mirbeau l'a entendu répéter à son foyer : la vie n'est qu'un recommencement. Des bains ont disparu, qui répondaient à un besoin. Des bains vont être reconstitués, qui satisferont tout le monde.

Le projet est de M. Camille Blanc. Il consiste à transformer le stand des canots automobiles en un bassin mesurant 3.000 mètres carrés et autour duquel prendraient leur installation : un kiosque pour orchestre, un salon de lecture et de correspondance, des salles de repos, un salon consommation genre Vogade et, naturellement, des cabines à l'abri de tout enlèvement.

Le bassin, avec fond tapissé d'une épaisse couche de sable fin parfaitement doux aux pieds sensibles, serait alimenté avec l'aide d'une longue canalisation servie par une pompe centrifuge à vapeur. Captée loin du bord, l'eau de la Méditerranée, constamment renouvelée, se répandrait, de chute en chute, en gerbes rafraîchissantes et capricieuses, du sommet d'une cascade monumentale.

Ainsi pourvus d'un aménagement confortable et gratifiés d'une installation luxueuse, les baigneurs tireraient leur coupe ou la videraient, au choix, sous la protection efficace d'un immense velum qui mettrait entre le soleil et eux un rempart suffisant.

La future construction est de nature à séduire joliment les gens de la Condamine. Outre que les nouveaux bains combleront heureusement une lacune, ils deviendront une attraction puissante dont tireront profit tous les industriels de l'endroit.

Les étrangers les fréquenteront avec l'assurance certaine de s'y distraire amplement et les fonctionnaires que leurs occupations retiennent au rivage trouveront là à qui parler.

L'heure du bain sera celle de l'apéritif, des potins et des débinages ; et les deux se confondront sous le même peignoir : l'eau de mer et l'eau de seltz.

L'autorité Souveraine.

Les créations, les constructions, les agrandissements, les améliorations et les embellissements, de quelque nature qu'ils soient, ne reçoivent un commencement d'exécution que lorsque le Prince, dûment renseigné, a accordé les autorisations nécessaires sans lesquelles rien ne peut être entrepris dans la Principauté, qu'il s'agisse de l'édification d'une fabrique de faux nez en aluminium ou de l'ouverture d'un magasin de denrées coloniales.

L'autorité de Son Altesse Sérénissime ne relevant d'aucun contrôle — ni d'une Chambre des Députés, ni d'un Sénat, ni d'une majorité, pas plus que d'une minorité — le pays n'est point agité par les débats contradictoires et stériles d'innombrables partis politiques ; et ses affaires ne s'en portent que mieux.

La prospérité d'une contrée s'accroit ou diminue selon qu'elle est soumise à un régime intérieur bon ou mauvais.

Les luttes, les tiraillements, les jalousies et les animosités sont de bien détestables sujets de discorde. Qu'est-ce qu'une nation, sinon un orchestre où tous les instruments sont représentés ? Or, que le trombone et la clarinette jouent faux et le charme est rompu. Au calme du premier moment succéderont les cris, les huées, les sifflets et les miaulements, image atténuée et réduite des attaques et des violences auxquelles se livrent journellement les politiciens responsables du sort des peuples.

Contrairement à une foule d'autres Etats, la Principauté de Monaco a pour souverain un prince aux idées libérales et au gouvernement paternel.

Albert 1er, qui est un grand ami de la France — il l'a souvent prouvé — a pour objectifs principaux : son peuple et ses travaux scientifiques. Il s'intéresse aux moindres questions touchant au bien-être de ses sujets et sa sollicitude s'étend à tous dans la mesure d'une égalité semblable.

Marin intrépide et passionné, il aime la mer, ses révoltes, ses dangers et surtout ses mystérieuses profondeurs, auxquelles il se plaît à arracher leurs secrets.

Ses fréquentes et longues croisières à travers les océans donnent pleine satisfaction à son activité et répondent victorieusement à son amour de l'inconnu.

Diplomate, penseur, philosophe, ami des arts, protecteur des artistes, explorateur, écrivain et conférencier, le Prince Albert tient en mince estime ses cousins défunts — les rois fainéants.

<h1 style="text-align:center">VIII</h1>

<h2 style="text-align:center">A BEAUSOLEIL</h2>

L'amphitryon dont la table ne comporte que douze couverts est tenu de mettre une rallonge quand il a vingt invités. La rallonge de Monte Carlo, c'est Beausoleil.

Les géomètres qui ont scrupuleusement mesuré la Principauté lui ont trouvé cette superficie exacte : 149 hectares, 7 ares et 17 centiares.

Lorsque les architectes et les maçons eurent tout mis à contribution : les prés, les jardins, les terrains vagues, les bords de mer et les rochers formant les 149 hectares indiqués, un jour est venu — c'était l'inévitable — où les spéculateurs de la dernière heure durent, voulant à leur tour faire bâtir villas, hôtels ou maisons de rapport, passer le Rubicon, ou plus simplement la frontière. La chose leur fut facile, les deux territoires, monégasque et français, se confondant d'autant mieux qu'ils ne sont séparés par aucun signe apparent de démarcation.

A une première construction en a succédé une seconde, puis une troisième et ainsi de suite jusqu'au moment où l'on jugea qu'il y avait assez d'appartements, de bouchers, d'épiciers, de coiffeurs et de brasseries pour créer la commune de Beausoleil, qui aurait bien pu s'appeler Beauséjour, Beausite ou Beauquartier.

Alors des fonctionnaires, des artistes, des rentiers et des employés ont trouvé, de ce côté, un débouché commode, répondant à leur bourse et à leurs désirs. L'émigration, commencée au gré des circonstances, s'est accentuée progressivement, à la satisfaction des particuliers qui, faute de place aussi bien à la Condamine qu'à Monte Carlo et aux Moulins, ont dû chercher l'asile convoité un peu loin, au pied de la montagne compatissante qui a fait mieux que d'accoucher d'une souris, surtout d'une souris d'hôtel, car, de ses flancs énormes, une ville entière est sortie qui, ayant rapidement grandi en force et en beauté, s'est aussitôt imposée à l'attention des calendriers.

*
* *

Si les villes ont des tendances à s'étendre vers l'ouest, il est à la connaissance de tous que les anciens romains et les moines, gens dont la malignité est restée légendaire, donnaient la préférence aux sites élevés, le plus près possible du soleil, ce roi des antiseptiques. Ces précédents nous mettent à l'aise. Ils permettent de ne pas s'étonner du rapide accroissement de Beausoleil, dont le chaud climat et l'air salubre sont des coefficients de premier ordre.

On aurait voulu arrêter le mouvement qui s'est produit que la chose eût été matériellement impossible.

Dès lors, il n'y avait plus qu'à l'encourager ; et c'est ce que fit M. Blanc. Son action fut décisive. Elle eut pour premier effet de supprimer le Carnier et le Tonkin, qui offrirent pendant longtemps le spectacle d'une agglomération de bohémiens et de romanichels vivant dans une promiscuité lamentable.

Les ordures encombrantes, les hardes puantes et la vermine prospère formaient un tableau d'un impressionnisme que n'eût pas goûté Claude Monet, le peintre des végétations puissantes et le traducteur éloquent des beautés champêtres.

A la place de ces produits d'une civilisation douteuse et compromettante, une cité nouvelle est née, que M. Dominique Durandy, conseiller général du canton, a qualifiée de « joyau » dans un discours récent et dont il a, à maintes reprises, dans le *Petit Niçois*, vanté les agréments et souligné le pittoresque en un langage délicatement fleuri — fleuri à l'image des parterres et des jardins qui sont, de la jolie ville qu'il représente au sein de l'Assemblée Départementale, la ceinture chatoyante et embaumée.

*
* *

M. Blanc est le véritable père de Beausoleil. Il était juste qu'il en devint le maire. Au surplus, la commune lui est redevable de son exceptionnelle prospérité. Sous son impulsion opportune et énergique, elle a pris un essor prodigieux, offrant au monde étonné le spectacle d'une activité et d'une prodigalité jusque-là sans précédent.

Monte Carlo et Beausoleil se confondent. Ils sont comme soudés l'un à l'autre. Ils forment les deux parties d'un tout qui se recommande des mêmes aspirations et des mêmes conceptions.

On en doit conclure que ces deux stations-sœurs n'ont qu'à se féliciter d'avoir, l'une pour premier magistrat, l'autre pour président du Conseil de Surveillance de la *Société des Bains de Mer*, la même individualité. Il en résulte une communauté de direction profitable aux intérêts des deux parties, que guide une même ambition louable augmentée du commun désir de s'être utiles réciproquement.

Heureux les contribuables qui ont le bénéfice de tels

avantages. Ils font naître l'envie chez ceux qui se déclarent moins fortunés et provoquent l'admiration des citoyens qui doivent à l'expérience de juger sainement les situations.

*
* *

La ville de Beausoleil, classée comme station climatérique, compte actuellement neuf mille âmes. Elle a son Casino Municipal dirigé par MM. Lemoine et Ferval, ce dernier chargé de la partie artistique. Le Palais du Soleil accomplit sa destinée sous la double direction de M. Georges de Brus pour l'administration et de M. René Comte-Offenbach pour le théâtre, M. Frédéric Schipper étant le grand *manager* du restaurant royal roumain.

Elle a sa police, ses médecins, ses banques, ses pharmaciens, son marché couvert, son huissier à l'affreux jargon judiciaire désormais condamné, ses cafés concerts et les bons petits flirts qui en résultent et sans lesquels il n'y a rien de possible.

A considérer le nombre d'entrepreneurs et de terrassiers qui s'agitent sur son territoire, un plan ou une pelle à la main, on est porté à croire que sa population aura doublé avant que Février s'enorgueillisse d'appartenir à une nouvelle année bissextile.

Pour l'instant, qu'on la juge sous le rapport des habitations ou qu'on la considère sous celui de l'alimentation, ses ressources variées et nombreuses donnent confiance aux ménagères et rassurent pleinement au point de vue du confortable ambitionné, qui fait de tout bourgeois un égoïste.

Une station qui a le sentiment de son importance et le souci de sa réputation ne va pas à la postérité sans la collaboration productrice d'une Société Immobilière.

Beausoleil n'a point failli à cette coutume dont on ne saurait nier l'avantage et les spéculateurs à la recherche d'un terrain avantageusement situé trouvent commode d'avoir recours aux bons offices de la Société dont le directeur compétent, M. de Saint-André, surveille de près l'utile fonctionnement.

Il faut savoir aider les individus dans l'accomplissement de leurs desseins, qui resteraient souvent à l'état embryonnaire si on les privait plus longtemps des conseils pratiques qui leur font défaut.

Les sociétés immobilières ont ceci de particulier qu'elles provoquent l'émulation, communiquent l'impulsion salutaire, incitent aux transactions et engagent dans la voie de l'offre et de la demande ceux qui, sans elles, continueraient à s'ankyloser dans une regrettable inertie.

*
* *

A cette question :

— Qu'est-ce qui vous a le plus frappé à Beausoleil ?

Un nouveau venu dans la commune répondit :

— Ce qui m'a le plus surpris, ce ne sont pas les deux Casinos, ni leurs spectacles attirants, ni la confiance des habitants dans l'avenir de leur ville : c'est l'appétit formidable de certains personnages.

En la circonstance, par « appétit », il faut entendre une série de plans conçus, arrêtés et mis à exécution en vue de bénéfices promptement et facilement acquis.

Sous prétexte de prendre la défense des intérêts du pays, des êtres d'ambition sont venus qui s'emploient avec le secret désir de semer l'agitation au sein d'une population paisible, laborieuse et dominée par le désir de complaire à l'étranger.

Comme tout homme au pouvoir dont on redoute l'influence, le maire de Beausoleil est l'objet d'attaques violentes et passionnées. Il est devenu la cible d'adversaires qui lui font un grief de sa popularité. Ils ne lui pardonnent pas d'être le magistrat éclairé et épris de justice auquel la commune doit son étonnante prospérité. Ils lui en veulent d'être resté le pilote habile qui, sachant éviter les écueils, conduit à bon port la barque administrative.

Les quelques citoyens qui représentent l'opposition ont pensé :

« Voilà un maire qui a la pleine confiance de ses administrés. C'est intolérable. Unissons-nous donc pour le combattre. Faisons emploi de toutes les armes. Décochons-lui des flèches empoisonnées. Criblons-le de sarcasmes et de brocards. Créons-lui des difficultés de toute nature et, pris de dégoût, il abandonnera tout : écharpe, mairie, conseil et électeurs ».

Raisonner de la sorte, c'est méconnaître l'esprit de suite et les qualités d'endurance de M. Blanc qui, avant tout, a le sentiment de sa responsabilité. Il a de ses droits et de ses devoirs une opinion exacte.

Préside-t-il une séance du Conseil Municipal? Il écoute, attentif, les arguments pour ou contre, mais il ne laisse pas s'égarer la discussion et les petites intrigues — si intrigues il y a — ne sauraient mettre en défaut sa perspicacité.

Apportant de la précision dans les mots et de la netteté dans les décisions, il résume les débats en phrases qu'aucune ambiguïté ne souligne. L'observateur est doublé d'un logicien.

Au surplus, ce ne sont ni les paroles acerbes ni les

écrits outrageants qui entameront jamais sa philosophie souriante et il lui importe peu qu'on veuille ou non battre en brèche son inlassable patience.

La calomnie ne le touche guère. Il sait ce qu'en vaut l'aune ; et les marques de sympathie que lui témoignent publiquement ses concitoyens sont une large compensation aux attaques gratuites et répétées qui lui sont servies par tranches et à heures fixes.

*
* *

Il se pourrait d'ailleurs que le dédain eut, en pareille matière, sa raison d'être.

M. de Villemessant, dont je fus l'ami et le collaborateur, avait là-dessus des idées nettement arrêtées.

Un jour qu'il avait été salement pris à partie dans un journal parisien, je crus devoir lui signaler le numéro incriminé. Il me répondit de sa grosse voix de basson :

— Voyons, que dit-on de moi ?

— Les pires choses.

— C'est bien vague. Précisons. A-t-on écrit qu'ayant été invité à dîner dans une famille, je me suis retiré en emportant l'argenterie ?

— On n'est pas allé jusque-là.

— Alors, je m'en fous.

Le fondateur du *Figaro* était un psychologue averti, qui tenait ses contemporains pour ce qu'ils valaient.

IX

DIAGNOSTIC

Ce siècle, qu'il ne faudrait pourtant pas donner en exemple aux générations futures, est celui de la fraude, de l'incohérence, du bluff et de la pornographie.

A se le rappeler, on reste persuadé qu'il est quelquefois utile et salutaire de redire les choses que ni les vieillards ni les éphèbes ne devraient oublier, pas plus que les railleurs et les matrones.

Le public, agglomération cupide et désolante, éloigne de sa pensée, facilement, ceux dont l'aide lui fut précieuse — jadis.

Il a la mémoire volontairement courte ; et le fait de la lui rafraîchir de temps à autre devient une opération nécessaire autant, parfois, que celle de l'appendicite.

NICE

Imprimeries Réunies Malvano et Aux Arts et Métiers
1, Rue Garnier et 4, Rue Masséna

181